中国近代新闻学名著系列丛书

芮必峰 ◎ 主编

新闻学

—— 戈公振 ◎ 著 ——

中国传媒大学 出版社

·北京·

编委会

主　编　芮必峰

副主编　姜　红　刘　勇

编　委　贾　南　周　彤　张冰清　侯普曼

出版说明

本丛书整理再版了近代在中国用中文出版的经典新闻学著作，所涉及的图书既有专著、教材，也有译著，全面涵盖了新闻学理论、新闻业务、新闻史等领域，成书年份前后跨越40年。在这40年间，中国的新闻学科从无到有、从借鉴到创新，成就巨大。对这些著作的再次出版，为研究中国近代新闻学提供了珍贵的史料，绘制了中国近代新闻学的全景，度量了中国近代新闻学的厚度，填补了该领域空白，也为纪念中国新闻学诞生100周年献上了一份厚礼。

我们请中国人民大学新闻学院教授、博士生导师，广西大学新闻传播学院院长，教育部社会科学委员会委员兼新闻传播学科召集人郑保卫，及中国传媒大学传播研究院院长、教授、博士生导师，中央实施马克思主义理论研究和建设工程新闻学首席专家雷跃捷对本丛书的内容进行了审定，并根据专家的意见进行了修改。在此对两位专家所付出的辛勤劳动表示衷心感谢。

由于历史原因，本丛书中的个别图书存在一些问题，为保存历史原貌，为研究者提供一手的参考资料，影印时均基本保持其原貌，未作大的删改，希望读者结合当时的历史条件和历史环境，对其中的观点进行批判性借鉴。原书中存在一些错别字、漏字和排版错误，我们在影印时均未做改动，敬请读者注意。

由于原书出版年代久远，本丛书中的许多书籍难觅其踪，存世数量稀少，版权状况极其复杂。为了保证本丛书的学术性和完整性，我们将具有价值的图书先行选入其中，进行了抢救性发掘，力图保存中国新闻史珍贵的历史资料。版权所有人若有异议，请及时与我们联系。

为更好地体现中国近代新闻学的发展脉络，本丛书特别收录了欧美学者休曼的《实用新闻学》、斯蒂德的《新闻学的理论与实际》；日本学者松本君平的《新闻学》、后藤武男的《新闻纸研究》、杉村广太郎的《新闻概论》。当年这些书的出版对中国近代新闻学具有一定的借鉴意义。

本丛书为影印制作，成书清晰度由原书决定，由于出版年代久远，受当时生产力水平及制作方法限制，难免会存在一些缺陷，敬请读者谅解。

中国传媒大学出版社

总　序

如果从1903年商务印书馆编译出版日本人松本君平的《新闻学》算起，中国的新闻学已有115年历史[①]。如果从1918年北大新闻研究会建立，徐宝璜开办新闻学讲座算起，中国新闻学教育和研究迄今正好100年历史。我们搜集整理了清末至民国期间一些有代表性的新闻学书籍，希望借此重现早期中国近代新闻学的本来面貌，反映我国新闻学发展的历史脉络，我们认为，这对中国新闻学术、教育史研究以及中国近现代思想史研究都是很有意义的。

从1903年到1949年9月的40多年间，我国公开出版和内部印行的新闻学书籍，包括专著、教材、论文集、资料汇编、参考工具书等，约468种之多。[②]它们集中反映了我国新闻学的历史发展轨迹。然而，由于多种原因，这些书籍除了几本曾被重印出版外，大多已经是"只闻其名、难觅其踪"，这对我国新闻学研究不能不说是一个遗憾。

本丛书在梳理1903—1949年间出版的有代表性的新闻学书籍的基础上，精选了50部著作，校订注释，编纂再版，也算对这一遗憾的弥补。

从我们挑选的这50部新闻学书籍来看，中国早期新闻学的发展有三个鲜明的特点：

一、中国早期新闻学的发展与中国社会发展，尤其与国家民族利益息息相关

40多年间，中国新闻学从近乎空白到勃然而兴，这与中国社会的动荡、变

[①] 黄天鹏回顾新闻运动时说："有清光绪二十八年，商务印书馆刊行《新闻学》一书，为我国人知有新闻学之始，原书为日人松本君平所著……"资料来源：黄天鹏. 新闻运动之回顾［A］. 黄天鹏. 新闻学名论集［C］. 上海：上海联合书店，1929.
[②] 林德海，等. 中国新闻学书目大全1903—1987［M］. 北京：新华出版社，1989.

革休戚相关。西方新闻学是现代化的产物，最早形成于19世纪末20世纪初。1901年，"新闻学"一词首见于中文报章①，但直到民国前夕，国人对于"新闻有学乎"尚存疑，认为报社就是新闻人才的"养成所"。至1912年上海报业俱进会以"吾国报业之不发达……其最大原因，则为无专门之人才"②为由，号召组织报业学堂，培养报业专门人才。不难看出，此时新闻界亦将新闻学视为办报之"技"。至1918年邵飘萍为徐宝璜《新闻学》作序仍"窃叹我国新闻界人才之寥落，良由无人以新闻为一学科而研究之者"③。黄天鹏把1903年至1918年新闻学研究会建立之前的十余年视为中国新闻学的启蒙期。④

1918年，随着以启蒙为目标的新文化运动愈演愈烈，新思潮涌入国门，"新学""西学"站在旧传统的对立面被学界关注，新闻学思想也不例外。作为公学之首和新文化运动中心的北京大学率先开办新闻学研究会，力证了"新闻学"存在的正当性；徐宝璜《新闻学》一书问世，成为中国新闻学理论的奠基之作。新闻学教育兴起，新闻学研究著作渐盛，待到北伐前夕，中国新闻学从学理上和实践上俱已建立起来。

新文化运动后期，马克思主义传入中国，资本主义文明逐渐"祛魅"。之后的大萧条使得西方国家的痼疾暴露无遗，曾经"理想之彼方"的西方报业也难以幸免。在这一时代背景下，如何建立"吾国之报业"成为新闻学研究的热点，围绕这一热点，一方面，关于中外新闻理论、新闻事业、新闻业务的著作日益涌现；另一方面，军阀对于激进言论的暴力摧残，又引发了新闻人对于言论自由的论争。20世纪20年代的中国新闻学呈现百家争鸣之势。

"在这言论自由纷争之际，也有若干论调，认为新闻纸不过是一种政治宣传的工具，在新闻学方面也唱过所谓社会主义的新闻理论，不过这种论调没有完成，当头的国难已把这种理论粉碎。"⑤"九一八"事变后，面对空前的民族危机，"国家至上、民族至上"成为国论，报业成为勾连与动员社会的渠道和网络，

---

① 梁启超. 本馆第一百册祝辞并论报馆之责任及本馆之经历［J］. 清议报，1901（100）：1-8.
② 戈公振. 中国报学史［M］. 上海：上海书店，1989：278.
③ 徐宝璜. 新闻学［M］. 长春：时代文艺出版社，2009：7.
④ 黄天鹏. 四十年来中国新闻学之演进［M］//龙伟，任羽中，王晓安，何林，吴浩. 民国新闻教育史料选辑. 北京：北京大学出版社，2010：149.（以下征引本书时，一律简注为《民国新闻教育史料选辑》。）黄天鹏在此文中提出他对于1903年到战事结束的40余年间中国新闻学发展阶段的划分，原载《中国新闻学会年刊》第1期，1942年9月.
⑤ 黄天鹏. 四十年来中国新闻学之演进［M］//民国新闻教育史料选辑. 北京：北京大学出版社，2010：161.

致力于推动"舆论统一"。直到全面抗战中期之前,以战争宣传动员为主要研究目标的"战时新闻学"都是新闻学研究的热点。

1943—1949年中华人民共和国成立前夕,随着战争形势的转变,抗日战争已现胜利的曙光,中国新闻学人开始构想新闻业的未来。萨空了①于1943年开始着手书写《科学的新闻学概论》,旨在提醒新闻人应"鉴于美英的前车"②,避免报纸"为大财阀资本家所独占"③,"积极地设法使报纸成为大多数民众自己的相互报道消息、提供意见的工具"④。

二、中国新闻学是"西学东渐"的产物,中国早期新闻学人大多具备西学背景

"西学东渐"的内在精神是中体西用。在"用"的招牌下,西学大量涌入。中国新闻学直接引自日本和美国。首先,中国最早的新闻学译著分别为1903年商务印书馆编辑出版的松本君平的《新闻学》和1913年美国记者休曼著、史青编译的《实用新闻学》。前者成为中国新闻学的开端,而后者作为美国第一本新闻教育著作,"提供采访编辑各种实际问题的解决方案"⑤,也奠定了中国新闻人对于新闻教育之作用的基本构想。

早期中国新闻学人大多具备留美留日的求学背景。徐宝璜曾于美国密歇根大学修习经济学与新闻学,其《新闻学》(1919)的参考文献包括在美国出版的图书23种、在英国出版的图书7种,印证了时任北大校长蔡元培所言,"新闻学之取资,以美为最便矣"⑥。任白涛求学日本早稻田大学政治经济学系时,加入了《朝日新闻》名记者杉村楚人冠等筹建的"大日本新闻学会"⑦,《应用新闻学》

---

① 萨空了(1907—1988)四川成都人,蒙古族,笔名了了、艾秋飚,记者、主编、新闻学家。1927年任《北京晚报》《世界日报》编辑记者、《世界画报》总编辑。曾任教民国学院新闻系、北京新闻专科学校。1935年任上海《立报》副刊主编、总编辑兼经理。中华人民共和国成立后任中央人民政府新闻总署副署长兼新闻摄影局局长、出版总署副署长、全国政协副秘书长兼《人民政协报》总编辑等职。负责主编《中国大百科全书·新闻出版》卷,著有《科学的新闻学概论》《科学的艺术概论》《宣传心理研究》等。
② 萨空了. 科学的新闻学概论[M]. 香港:文化供应社,1946:36.
③ 萨空了. 科学的新闻学概论[M]. 香港:文化供应社,1946:36.
④ 萨空了. 科学的新闻学概论[M]. 香港:文化供应社,1946:36.
⑤ 黄天鹏. 四十年来中国新闻学之演进[M]//龙伟,任羽中,王晓安,何林,吴浩. 民国新闻教育史料选辑,北京:北京大学出版社,2010:157.
⑥ 邓绍根. 中国新闻学的筚路蓝缕:北京大学新闻学研究会[M]. 北京:清华大学出版社,2015:228.
⑦ 1915年《朝日新闻》的杉村楚人冠等在庆应义塾大学创办"新闻研究会"并讲授课程,后根据该讲义出版了《最近新闻纸学》(1918)。其时,杉村楚人冠还兼任"大日本新闻学会"的筹建者与学会新闻讲座讲师。

(1922)正是仿照杉村楚人冠《最近新闻纸学》一书体例所做。① 邵飘萍的《实际应用新闻学》(1923)亦参考了《最近新闻纸学》。② 杉村楚人冠深受美、德新闻思想熏陶，美、日、德的新闻思想因故才传到中国。

事实上，正是留美、留日学生群体的新闻学著述构建起了中国早期新闻学的基本框架。仅本丛书所涉国内著（编）者30人中，剔除资料不详者3人，有留学经历者共计15人。其中留美5人：徐宝璜、伍超、赵敏恒③、戈公振④、曹用先⑤；留日8人：吴定九⑥、邵飘萍、黄天鹏、任白涛、张友渔⑦、谢六逸、袁殊⑧、王文萱⑨；

---

① 周光明. 近代新闻史论稿［M］. 北京：社会科学文献出版社，2014：276.
② 方晓红. 中国新闻简史［M］. 南京：南京师范大学出版社，1996：122.
③ 赵敏恒（1904—1961），记者、新闻学教授。早年就读于清华大学，1923年先后于美国科罗拉多大学文学院、密苏里大学新闻学院、哥伦比亚大学新闻学院攻读英国文学和新闻学，并获新闻学硕士学位。1925年起在纽约环球通讯社当编辑。1927年回国，在国民政府外交部情报处短暂工作后加入路透社。1945年10月任《新闻报》总编，兼任复旦大学新闻学教授。
④ 留学两个及两个以上国家的，按其留学的第一个国家计。
⑤ 曹用先，女，宁波人，天津南开大学社会科毕业。1926年与未婚夫查良鉴自南开大学毕业后，同赴密歇根大学留学，1930年在该校安娜堡完婚。硕士毕业后回国，曾就职于上海商务印书馆编辑所并任教于大夏大学，1949年与查赴台，1951年4月病逝于台湾。
⑥ 吴定九（1890—1930），名鼎，字定九，嘉定人。著名报人，《京报》元勋之一，著有《新闻事业经营法》。公派赴日本名古屋学习土木工程时，与在东京政法学校读书的邵飘萍成为密友。1923年9月，私立北京平民大学设立报学系，时任京报社经理的吴定九担任教授并讲授专业课程"新闻经营法"。
⑦ 张友渔（1898—1992），原名张象鼎，字友彝，又名张忧虞，山西灵石人。法学家、政治学家、新闻学家。先后求学于山西第一师范学校，国立北平法政大学法律系。1927年任《国民晚报》社长兼总编辑。同年加入中国共产党，任中共北平市委委员兼秘书长。1930年赴日留学。"九一八"事变后回国任《世界日报》主笔及燕京大学、中国大学、民国大学、中法大学、北平大学法商学院教授，讲授宪法学、劳动法学、新闻学和日本问题。1943年起在重庆任中共南方局文委秘书长、《新华日报》社论委员会委员、中共重庆工作委员会候补委员兼政策研究室副主任、《新华日报》代总编辑等职。
⑧ 袁殊（1911—1987），中共谍报人员、记者、新闻学者。早年赴日攻读新闻学、东洋史。曾创办上海自修大学并设新闻专科。1931年3月创办的《文艺新闻》，最早揭露了左联五烈士被害的消息。1932年任新声通讯社记者，经潘汉年引介加入共产党。1942年卧底敌伪报纸《新中国报》，1945年10月转移到苏北解放区；1949年调入中央情报部门。著《记者道》《学校新闻讲话》《新闻大王赫斯特》等书；译《新闻法制论》等。
⑨ 王文萱，曾留学日本，1930年5月翻译杉村广太郎的《新闻概论》。1942年国立社会教育学院新闻系成立，王文萱在该系教授新闻业务课程。1947年初，李宗仁授意萧一山在北平创办《经世日报》作为喉舌，任命王文萱、蓝文澄两位教授为主笔。

旅欧2人为胡愈之和储玉坤①（详情见表）。这些涉足新闻学研究的归国留学生兼容并蓄，汲取美、日、德等国新闻理论和马克思主义新闻思想的精华，进行本土化改良，亦从侧面反映出中国新闻学的理论来源。

三、中国早期新闻学人往往兼新闻实践、新闻教育、新闻研究于一身

1918年，北京大学新闻学研究会成立，徐宝璜负责讲授新闻学知识。他结合自身从业经验，参考欧美新闻学书目，形成课程讲义；再结合讲课心得，不断完善新闻学理论。1919年，国人自撰的第一本新闻学专著《新闻学》最终成书。徐在自序中细陈写书修书之过程："新闻学乃近世青年学问之一种，尚在发育时期。余对于斯学，虽曾稍事涉猎，然并无系统之研究。客岁蔡校长设立新闻学研究会，命余主任其事，并兼任导师。余乃于暑假中，正式加以研究，就所得著《新闻学大意》一篇，以为开会后讲演之用。……开会后，余继续研究，加以会员之质疑问难，时有心得，遂将原稿加以修改，成第二次之稿……"②显然，"曾稍事涉猎"指其曾经担任《晨报》主笔的工作经历。早期中国新闻学人兼具从业经验和新闻学教学经验者多会总结实践经验、丰富新闻理论、著书立说、传道授业，这种情况并不鲜见。

从早期新闻学著作的作者（编者）身份来看：本丛书涉及国内著（编）者30人，除李公凡、刘元钊和鲁风三人身份不详，仅蒋国珍③、项士元④二人没有明确的新闻从业经验。而在这25人中，更有20人兼具从业经历与从教经历。新闻学人大多具有新闻从业经历，学术研究、传承活动与新闻实践密不可分（详

---

① 储玉坤，1912年生，江苏宜兴人，笔名雨君、储华。1937年中央政治学校大学部新闻学及国际政治专业毕业。1938年1月任《文汇报》编辑兼社论撰述者；1938年5月担任《文汇报》法国哈瓦斯分社编辑；抗战胜利后，任《文汇报》总主笔。1946年5月转任《申报》主笔和法国新闻社远东分社中文部主任，兼任中国新闻专科学校教务长和沪江大学新闻系教授。著有《现代新闻学概论》《第二次世界大战史》《美国经济》。
② 邓绍根. 中国新闻学的筚路蓝缕［M］. 北京：清华大学出版社，2015：244.
③ 蒋国珍出生于1896年，江苏溧阳人，做过学生运动领袖、国民党党员、教育工作者、政府职员、银行经理。曾加入上海学生运动，代表上海全国各界联合会、全国学生联合会、上海各界联合会、学生联合会四团体发声。虞文俊认为其传世的《中国新闻发达史》翻译自日本人伊藤武雄的《中国新闻发达史》，即蒋国珍应为此书的译者而非著者。
④ 项士元（1887—1959），佛教居士、学者。原名元勋，号慈圆，又号石楼。浙江临海人，通日、英、德、梵、俄文，一生佛学著作等身。25岁毕业于杭州府中学堂，后办私立小学和赤城初级师范，兼任各校教师；捐资并赠书创办了临海图书馆。项士元长期辗转江浙等地从事教育、新闻和史志方面的研究工作。中华人民共和国成立后主持台州文管会，任浙江省文史馆馆员。所著《浙江新闻史》是中国最早的新闻史之一。

见表1①）。

  从新闻学著作本身来看，许多民国新闻学书籍正是新闻实践和新闻教育的直接产物：国人自撰的第一部新闻采访学专著——《实际应用新闻学》根据邵飘萍在北京大学新闻学研究会和平民大学新闻系的讲稿所著，《新闻学总论》一书则根据邵氏国立政法大学的新闻学讲义整理而成；周孝庵②根据自己在复旦大学的新闻学讲义编著了《最新实验新闻学》；郭步陶③的《本国新闻事业》是上海市私立申报新闻函授学校讲义之十一；而《新闻学的基础知识》本就是中美日报读讯会④为新闻学自修者所出版的教材《实用新闻学讲义》之一；储玉坤的《现代新闻学概论》则是专门为大学新闻理论教科书而编写的（详见表2）。

  正是由于早期新闻学人兼新闻实践、新闻教育、新闻研究于一身，才能为理论教学与著述提供最鲜活的案例，促使新闻实践经验迅速融入新闻学理论研究。这是近代中国新闻学迅速发展的重要因素，对于当今的新闻学研究、新闻学教育工作也有重要启示。

  本丛书编委会邀请相关领域资深专家进行研讨，认真甄选了书目，仔细进行了版本比较和甄别，从而保证了本丛书较高的学术权威性。

  由于历史的局限，民国新闻学书籍的不足是明显的，如学术理论不成熟、部分话语和话题打上了深深的时代烙印等；又因书中涉及的新闻稿件写作于特定历史环境和历史年代，其表达方式不严谨亦不可避免。盖所选书目皆是历史文献，我们在审校中尽量保持其历史原貌，不做大的删改；对极个别对马克思

---

① 李秀云. 留学生与中国新闻学［M］. 天津：南开大学出版社，2009：239-251. 本书中李秀云整理了民国期间从事新闻学研究的留学生44人，并分析其留学国别构成、专业构成、新闻实践经历、从教经历等。
② 周孝庵（1900—1973），佛教学者、律师、报人。松江府人。毕业于江苏省立第一商业学校。历任上海时事新报馆记者、编辑、主编，著《最新实验新闻学》。1928年秋被复旦大学聘为新闻学教授。曾于上海法政大学获法学学士学位，1930年兼律师。1932年主编上海《新闻报》"法律质疑"栏目、编辑了《法律质疑汇编》。上海沦陷后，曾氏关闭了律师事务所，潜心佛学研究。
③ 郭步陶（1879—1962），原名成爽，后改名惜，字步陶。四川隆昌人。名记者、新闻研究者。1911—1917年任《申报》编辑，1917年任《新闻报》编辑主任、主笔。1930年任教于复旦大学新闻系。上海沦陷后赴香港，任职于《申报》（香港）、《星岛日报》；1939年创建中国新闻学院（香港）并任院长。抗战胜利后回沪任教于复旦大学、新中国学院。
④ 《中美日报》是"孤岛"时期的国民党报纸，为躲避日伪新闻检查，在美商罗斯福出版公司招牌下运作，副刊有《集纳》《堡垒》等。1938年11月创刊，1941年12月停刊，1945年8月复刊，次年4月终刊。总编先后为杨勋民、查修、詹文浒，总主笔周宪文，执笔者有储玉坤、章丹枫等。胡道静曾任英文编辑。报社读讯会为自修新闻学的读者出版了《实用新闻学讲义》，共计10种，对编辑术、采访术、评论作法、新闻写作、新闻学史、剪报工作等都有专篇论述。

主义、共产党等的不适当叙述已进行了删除处理。

  本丛书规模较大，从策划项目、搜集资料、校订编纂到审稿成书，历时两年有余。这50本书可能并非本本经典，其中有些内容亦有重复、雷同之处，但瑕不掩瑜，它们对于研究中国新闻学功不可没，作为新闻史资料极具研究价值。感谢中国传媒大学出版社和安徽大学新闻传播学院诸位老师的辛勤付出，也希望读者在本丛书中能读出更丰富的内容，获得启发并更深入地思考。

丛书主编 芮必峰

2018年5月7日

附表：

表1　著者受教育、从业、从教及著述情况列表

序号	姓名	是否留学及留学国家	从业经历	从教经历	著作
1	徐宝璜	美国密歇根大学，经济学、新闻学	北京《晨报》主笔	北京大学新闻学研究会、北京平民大学新闻系	《新闻学》《新闻事业》
2	戈公振	1927年赴美国、日本考察新闻事业	首创《图画时报》、"上海新闻记者联合会"会长、《申报》总管理处设计处主任兼《申报星期画刊》主编	上海南方大学新闻系、上海国民大学新闻系、复旦大学新闻系、上海沪江大学商学院、上海民治新闻学院	《新闻学撮要》《中国报学史》《新闻学》
3	邵飘萍	东京政法学校	《汉民日报》主编、《时事新报》《申报》《时报》主笔、创办"北京新闻编译社"、《京报》社长	北京大学新闻学研究会、北京平民大学新闻系、国立法政大学	《实际应用新闻学》《新闻学总论》
4	吴定九	日本名古屋工业专门学校土木工程	主持《京报》	北京平民大学新闻系、国立法政大学	《新闻事业经营法》
5	谢六逸	日本早稻田大学东洋文学史	《立报》文艺副刊《言林》主编、《国民周刊》《趣味》周刊主编	复旦大学新闻系、申报新闻函授学校、国立社会教育学院新闻系、暨南大学新闻系、大夏大学新闻系	《实用新闻学》《国外新闻事业》《新闻储藏研究》
6	黄天鹏	日本早稻田大学新闻系硕士	在北平创刊《新闻学刊》并担任主编	复旦大学新闻系、上海沪江大学商学院新闻学科	《新闻文学概论》《中国新闻事业》《新闻学入门》《新闻学概要》
7	赵敏恒	美国科罗拉多大学文学院、密苏里大学新闻学院、哥伦比亚大学新闻学院攻读英国文学和新闻学，并获新闻学硕士学位	纽约环球通讯社编辑，后加入路透社。"九一八"事变后为美国国际新闻社、伦敦《每日电讯报》《朝日新闻》等供稿。1945年10月任《新闻报》总编辑	复旦大学新闻系、中央政治学校新闻系、暨南大学新闻系	《外人在华的新闻事业》

续表

序号	姓名	是否留学及留学国家	从业经历	从教经历	著作
8	周孝庵	无	历任上海时事新报馆记者、编辑、主编；主编《上海新闻报》"法律质疑"栏目	复旦大学新闻系、新闻大学函授科	《最新实验新闻学》
9	张友渔	1930年、1932年、1935年多次赴日学习新闻学、考察日本新闻事业	《世界日报》编辑、《大同晚报》总编辑、《国民晚报》社长、《泰晤士报》总编辑、《新华日报》社论委员	燕京大学新闻系、北平民国学院新闻系	《新闻之理论与现象》《日本新闻发达史》
10	袁殊	日本新闻专科学校、早稻田大学历史系	创办《文艺新闻》《译报》、新声通讯社记者	上海自修大学新闻专科	《记者道》《学校新闻讲话》《新闻大王赫斯特》《新闻法制论》（译）
11	胡愈之	1928年法国巴黎大学攻读国际法	《东方杂志》编辑、创办《公理日报》、哈瓦斯通讯社远东分社中文部编辑主任、主编新加坡《南洋商报》		《胡愈之出版文集》
12	储玉坤	留法	《新闻报》编辑、《文汇报》编辑、法国哈瓦斯通讯社中国分社编辑、《文汇报》总主笔、《申报》主笔、法国新闻社远东分社中文部主任	中国新闻专科学校、沪江大学新闻系、之江大学新闻系、致用大学新闻学系	《现代新闻学概论》
13	任白涛	日本早稻田大学政治经济学	创办中国新闻学社、《新湖北日报》总编辑		《应用新闻学》《综合新闻学》
14	曹用先	美国密歇根大学①	上海商务印书馆编辑所②	大夏大学③	《新闻学》

① 毛彦文. 往事［M］. 北京：商务印书馆，2012：28.
② 雪林. 一段值得介绍的婚姻（红藏·生活·第四卷第三十八期）［M］. 湘潭：湘潭大学出版社，2014：435-437.
③ 毛彦文. 往事［M］. 北京：商务印书馆，2012：28.

续表

序号	姓名	是否留学及留学国家	从业经历	从教经历	著作
15	王文萱	留日①	《经世日报》②	国立社会教育学院新闻系③	《新闻概论》（译）
16	伍超	留美"攻读新闻科"④			《新闻学大纲》
17	郭步陶	无	《申报》编辑、《新闻报》编辑主任兼主笔、《申报》（香港）、《星岛日报》编辑	复旦大学新闻系、《申报》新闻函授学校、中国新闻学院（香港）、新中国学院	《本国新闻事业》
18	任毕明⑤	无	《民国日报》《时报》《快报》主笔、《大众日报》总编辑	香港中华新闻学院	《战时新闻学》《评论学十讲》
19	赵君豪⑥	无	《申报》副总编辑	上海商学院新闻专修科、复旦大学新闻系、上海法政学院新闻专修科	《中国近代之报业》《上海报人的奋斗》

---

① 杉村广太郎. 新闻概论·黄序［M］. 王文萱, 译. 上海：联合书店, 1930.
② 冯国定. 忆萧一山先生［M］//中国人民政治协商会议北京市委员会文史资料研究委员会文史资料选编（第43辑），北京：北京出版社, 1992：104.
③ 苏州大学社会教育学院. 峥嵘岁月（第三集）［M］. 北京、上海、南京、苏州校会. 1991：229.
④ 伍超. 新闻学大纲·自序［M］. 上海：商务印书馆, 1925.
⑤ 任毕明，原名任大任，生于1904年，广东鹤山人。1925年在广西梧州创办《民国日报》，曾任《时报》《快报》主笔，主持过香港的《大众日报》。参与创办香港中华新闻学院，并任教。著作有《龙虎集》《风云集》《社会大学》《新社会大学》《战时新闻学》和《评论学十讲》等。
⑥ 赵君豪（1900—?）江苏兴化人。报人。"五四时期"求学于上海交通大学，经常给著名的《民国日报》副刊《觉悟》投稿，并与时任《觉悟》编辑的邵力子讨论种种社会改造问题。毕业后进入《申报》馆工作，抗战后任《申报》副总编辑。1929、1942年两度兼任复旦大学新闻编辑教授；1930年兼任上海法政学院新闻专修科教授，讲授采访学；曾任《申报》新闻函授学校教授。1944年10月在重庆出版《上海报人的奋斗》。

续表

序号	姓名	是否留学及留学国家	从业经历	从教经历	著作
20	杜绍文[①]	无	杭州《民国日报》国际版编辑、《东南日报》《前线日报》主笔兼《新闻战线》周刊主编、《东南日报》总编辑、《文汇报》办公室主任	复旦大学新闻系	《新闻政策》《中国报人之路》《战时报学讲话》《国际新闻纵横谈》
21	胡道静[②]	无	《万有文库》编辑、上海通志馆编修、《通报》《中美日报》《大晚报》等报记者、编辑、撰稿人	上海法政学院新闻专修科	《上海新闻事业之史的发展》
22	张静庐	无	创办上海杂志公司并出任总经理		《中国的新闻记者与新闻纸》《中国近代出版史料》《中国现代出版史料》《中国出版史料》《在出版界二十年》
23	萨空了	无	《北京晚报》编辑记者、《世界日报》画刊编辑、《世界画报》总编辑、天津《大公报》艺术半月刊主编	民国学院新闻系、北京新闻专科学校	《科学的新闻学概论》

---

① 杜绍文（1909—？），又名杜超彬，广东澄海人。1927年入复旦大学中文学新闻组学习，1931年留校助教。后任杭州《民国日报》国际版编辑、资料室主任、浙江《东南日报》主笔。抗战期间主编浙江战时新闻学会会刊《战时记者》月刊、《国民日报》总编辑、社长；抗战胜利后任上海《前线日报》主笔兼《新闻战线》周刊主编。1946年至1951年间任复旦大学新闻系教授，1952年任上海《文汇报》记者、编委办公室主任。著有《新闻政策》《中国报人之路》《战时报学讲话》《国际新闻纵横谈》。

② 胡道静（1913—2003），安徽泾县人。1931年毕业于上海持志大学国语系。曾参加《万有文库》编辑和上海通志馆编修工作。"孤岛"时期坚守上海新闻界抗日宣传工作，任《通报》《中美日报》《大晚报》《密勒氏评论报》记者、编辑、撰稿人，同时在上海法政学院新闻专修科讲授新闻史课程，为共产党的抗日宣传培养新闻干部。1949年后历任中华书局上海编辑所编辑、上海人民出版社编审等。

续表

序号	姓名	是否留学及留学国家	从业经历	从教经历	著作
24	管照微①		复旦大学校刊编辑、1931年兼任上海新闻社记者	兰州大学经济系	编《新闻学论集》
25	项士元				
26	蒋国珍	疑为《中国新闻发达史》的译者而非著者②			
28	李公凡	不详			
27	鲁风	不详			
28	刘元钊	不详			

---

① 管照微，高中就读于上海立达学园，曾与王济深、刘仲达、唐旭之等先后组织了"时潮社"和"立达剧团"。后进入复旦大学新闻系学习，与伍梦窗、林楚君、向浦、徐之津等加入了复旦大学"左联"，并负责复旦大学的校刊编辑工作。1933年12月21日因宣传左翼思想被捕，后任教于兰州大学经济系。
② 虞文俊是东亚中国新闻史研究第一人。《中国新闻发达史》译者蒋国珍初考［J］. 新闻界，2015（15）．

表2 书目

序号	年份	书名	作者	备注
1	1903	新闻学	〔日〕松本君平 著	
2	1913	实用新闻学	〔美〕休曼著 史青译	
3	1919.12	新闻学	徐宝璜[①] 著	北京大学新闻研究会讲稿
4	1922.11	应用新闻学	任白涛[②] 著	
5	1923.8	实际应用新闻学	邵振青 著	北京平民大学、国立法政大学讲义
6	1924.4	新闻事业	徐宝璜 胡愈之 著	
7	1924.6	新闻学总论	邵飘萍 著	
8	1925.1	新闻学大纲	伍超 著	
9	1925.2	新闻学撮要	戈公振[③] 编	
10	1927.9	中国新闻发达史	蒋国珍 著	
11	1927.11	中国报学史	戈公振 著	
12	1928.9	中国的新闻纸	张静庐 著	
13	1928.11	最新实验新闻学（上）	周孝庵 著	复旦大学新闻系
14	1928.11	最新实验新闻学（下）	周孝庵 著	复旦大学新闻系
15	1930.4	新闻事业经营法	吴定九 著	
16	1930.5	新闻概论	〔日〕杉村广太郎 著 王文萱 译	

---

① 徐宝璜，中国新闻学者、新闻教育家。1912年毕业于北京大学，后公费留美，于密歇根大学攻读经济学、新闻学。徐宝璜在美国密苏里大学受过系统的新闻学教育。

② 任白涛，笔名冷公、一碧，河南南阳人。1911年辛亥革命后，先后担任上海《民立报》《神州日报》《新闻报》驻河南特约通讯员，参加当地反袁活动。1916年留学日本，在早稻田大学攻读政治经济学，并加入了大日本新闻学会。

③ 戈公振所著的《中国报学史》最早由上海商务印书馆出版，是研究新闻学和我国新闻事业发展史的开山之作，国内外新闻界将之誉为中国首部新闻史学权威著作。任教上海国民大学期间，戈公振开始着手《中国报学史》一书的写作。在从事新闻工作之余，戈公振致力于新闻教育事业和新闻学研究工作，曾在上海国民大学、南方大学、大夏大学、复旦大学等校新闻系和杭州暑假报学讲习所讲授新闻学方面的课程，在新闻学研究上留下了许多著述。

续表

序号	年份	书名	作者	备注
17	1930.8	中国新闻事业（上）	黄天鹏[①] 著	
18	1930.8	中国新闻事业（下）	黄天鹏 著	
19	1930.8	新闻纸研究	〔日〕后藤武男 著 俞康德 译述	
20	1930.9	浙江新闻史（上）	项士元 编	
21	1930.9	浙江新闻史（下）	项士元 编	
22	1932.7	学校新闻讲话	袁殊 著	
23	1932.8	外人在华的新闻事业	赵敏恒 著	
24	1933.4	新闻学入门	黄天鹏 著	
25	1933.10	新闻学论集	管照微 编	复旦新闻学会丛书
26	1935	实用新闻学（上）	谢六逸[②] 编	申报新闻函授学校讲义之三
27	1935	实用新闻学（下）	谢六逸 编	申报新闻函授学校讲义之三
28	1934.1	新闻学	曹用先	
29	1934.2	新闻学概要	黄天鹏 编	复旦大学讲义、上海沪江大学新闻学专修科
30	1935	上海新闻事业之史的发展	胡道静 著	
31	1936.5	新闻学讲话	刘元钊 编著	

---

① 黄天鹏，字天鹏，别号天庐。1927年1月，他创办了我国首个新闻学刊（1929年扩改为《报学月刊》）并任主编；他是我国新闻学术史上最早研究新闻学之产生及发展史的学者，是我国具有新闻学术史观的第一人。他于1923年就读于北京平民大学报学系，1929年留学日本，修业新研究所，旋入早稻田大学新闻系。归国后出版了《新闻文学概论》《中国新闻事业》《新闻学入门》《新闻学概要》等十余本新闻学专著。

② 谢六逸，中国现代新闻教育事业的奠基者之一。著名的作家、翻译家、教授。1917年以公费生身份赴日就读于早稻田大学。1922年毕业归国，入商务印书馆工作。后历任神州女校教务主任及暨南大学、复旦大学、大夏大学教授。1930年任复旦大学中文系主任，并创设了后来闻名海内外的复旦大学新闻系，任主任。

续表

序号	年份	书名	作者	备注
32	1936	本国新闻事业	郭步陶 编著	申报新闻函授学校讲义十一
33	1936.6	新闻之理论与现象	张友渔 著	
34	1936.11	记者道	袁殊 著	
35	1937.7	现代新闻学概论	储玉坤 著	国民党政府唯一指定大学新闻理论教科书
36	1938.7	战时新闻学	任毕明 著	
37	1938.9	中国近代之报业（上）	赵君豪 著	
38	1938.9	中国近代之报业（下）	赵君豪 著	
39	1938.10	基础新闻学	李公凡 著	
40	1939.7	中国报人之路	杜绍文 著	
41	1940.4	新闻学	戈公振 著	1932年完稿，另有1947年版
42	1941	新闻学的基础知识（上）	中美日报读讯会 编	中美日报读讯会实用新闻学讲义
43	1941	新闻学的基础知识（下）	中美日报读讯会 编	中美日报读讯会实用新闻学讲义
44	1941.7	综合新闻学1	任白涛 著	
45	1941.7	综合新闻学2	任白涛 著	
46	1941.7	综合新闻学3	任白涛 著	
47	1944.9	新闻学	鲁风 著	新中国自修学院约稿
48	1946.6	科学的新闻学概论	萨空了 著	另有1945.3出版的署名艾秋飚的版本
49	1946.11	新闻史上的新时代	胡道静 著	
50	1947.12	新闻学的理论与实际	〔英〕斯蒂德 著 王季深 吴饮冰 译	上海文化函授学校读本

弁言

亡兄公振於民國二十四年以急病逝於上海，時予適奉命籌辦廣西省立醫學院，欲請假來滬而不獲許可，既不能醫其病，復不克送其葬，嗚呼痛矣！亡兄遺稿甚多，已出版者僅「從東北至蘇聯」耳，尚有多稿，均待整理。今年余以時艱返滬，為之搜檢，忽得其寫之新聞學，不禁萬感交集，蓋斯稿之成甚早，亡兄隨國聯調查團出關時，曾過北平，即住予處，會囑校閱此稿。當時出關之我國代表諸君均具決心，亡兄曾作遺囑交予，幸無恙而返。不久又奉命赴俄，直至二十四年始能返國，抵滬即發病，七日而歿，痛矣！此稿因亡兄之舟車飄泊，不遑寧處，卒未能付梓，今視其稿，竣於民國二十一年，儳函送商務印書館編輯所何炳松先生查收。手蹟宛然，人已長逝，追溯往事，愈增悲慟！爰誌數語，匪敢云序，謹以記其遲未付印之經過云耳。

民國二十七年十二月戈紹龍謹識

序

四年前旅居歐陸,即得商務印書館書,謂將有萬有文庫之刊行,並以新聞學屬予。時予僕僕道途,未遑握管;歸國後牽於事,欲作而輟者屢。今文庫距最後出書之期已迫,無可再延,乃罵激旦之力草成。此書限於字數,自不免簡陋之譏。但有志研究新聞學者,得此或可藉知其大略,是則著者之微願也。

書至此籍有不能已於言者,則我國新聞事業之將來,宜認識清楚是也。夫各國新聞事業,於過去二十年間,均有突飛之進步。其原因有二:第一為時代精神之要求。自各國君權削弱,乃有議會代興。然而議會在今日,又呈日暮途窮之勢。起而代之者為誰,非新聞紙歟?雖新聞紙中,不無操縱於政客或資本家之手,薄視大眾利益者,然自所謂「片厘(Penny)報紙」勃興以來,新聞紙非復為特殊階級所專有矣。今代表農工市民或其他團體利益而創立者亦日夥。事實如此,大可證明時代精神之對新聞事業,要求甚切焉。此新聞事業發達之最大原因也。其次則為科學之進步、亦堪注意。蓋民治政體之推行,雖有賴於新聞事業之發達,然苟無科學之助,則進步不能若斯其速。自電話電報等交通利器發明以來,人群關係,日趨密切。新聞紙之經營,乃能得心應手,無不如志。此為新聞事業發達之第二原因。方今電傳照相與新聞,又日

一

在利用與改良中。不久吾人可以隨時隨地，同時聽新聞看新聞。由過去以測將來，真有無量發展之希望。

夫各國新聞事業之如此進步，其原因甚明。我國二三十年新聞紙之進步，較之雖有遜色，然以年來時代精神之要求與乎交通設備之改進，其前途亦大可樂觀。嗚呼！烽火頻驚，神州有陸沉之危；萁豆相煎，燕雀忘處堂之誡。震迷警頑，端在今日。吾儕已入或將入新聞界者，對此時代精神之要求，若能瞭然於胸，則今後事業，方針即不難定。感時多憤，不禁寫此以當本書序文。

中華民國二十一年元旦 戈公振識於申報之尊聞閣

目次

第一章 報紙的起源……………………………………一

第二章 中國現代報紙的進化…………………………一一

第三章 報館組織………………………………………一六

第四章 通信社…………………………………………二二

第五章 報業教育………………………………………二六

第六章 報紙的運命……………………………………三四

新聞學

第一章 報紙的起源

人類在上古時代，穴居野處，茹毛飲血，生活非常簡單。而且地廣人稀，又有高山大河的阻隔，所以往往老死不相往來。當時表示意思，有了言語和手勢的幫助，已能彼此了解。

不過人類為着生存，時時要防野獸或異族的侵害。有時需要的力量，要超過一個人或一個部落，到此時才知道羣的利益。而傳佈消息的方法，也就因此發生。因為言語和手勢的效果，所能達到的範圍很小，所以野蠻人，有將木段挖空，敲之發大聲，以互相告警的，這就是一例。後來又有搖鈴擊鼓敲鑼種種方法，到現在還習用。不過聲浪所能達到的範圍，仍是有限，所以後來又有日間舉烟夜間舉火的方法。在我國北方，有許多燧火臺，到現在還存在。而歐洲舉火的方法，據云當時有很精密的，彷彿後來的旗語。經後人逐漸改良，遂成了今日應用極廣的電報符號的基礎。

後來人類孳乳日繁，形成許多部落，在日中為市的時候，當然是交換消息的最好機會。例如瑞士某一小村中，每逢教堂禮拜之後，常有人在草地的露臺上，報告村中公共事務，和家畜買賣市情。又在十六世紀的時候，巴黎的十字街口或橋上，常有多人聚集，談論當日發生的事務。以後竟有人視爲專業，報告各處奇聞異事。大凡公共場所，爲人類所集合的，如我國的茶館，外國的咖啡店，都是新聞出產的地方。

人類到了不以衣食爲滿足的時候，一定就會有感觸。到了言語不能盡其意思的時候，歌謠就發生了。有人說，詩三百篇，是上古民意之所存，太史探風，和現在報館的職務很相近。因爲牠能通上下之情，通彼此之情。這不能謂毫無理由。

書經「遒人以木鐸徇于路」的註解說，「遒人，宣令之官也，古者將有新令，必振鐸以警衆。」可見人類社會組成以後，統一號令，是很需要的。後世雖然有了紙筆，有時傳佈消息，還要藉重語言。如漢書，「文帝時，山東吏布詔令，民雖老羸殘疾，莫不扶杖而往聽之，」就是一個例。又如古時羅馬，有一種搖鈴報事的人，名曰 Bellman。直到現在，西歐的報紙，很多還用鈴做標識。日本賣報的人，還是搖鈴以引人注意。可見中外新聞的發端，竟是如出一轍。

言語在文字之前，新聞當然也是如此。許多報學家，爲便于研究起見，對于這種新聞，名之曰口頭新聞 (spoken news)。

言語雖然可以達意，但是有時間和空間限制的。譬如超過千人以上的聽衆，就是演說的人聲音很宏亮，恐怕立在後面的人，就不能字字聽得淸楚。雖然現在科學昌明，有一種擴音器，可以將一個人的言語，傳佈得極遠極廣。但在言語終結以後，其聲浪立即消失，不復留存，這是一個很大的缺點。

欲追求口頭新聞的起源，實難得一個確證，所以許多新聞學家，還是以與書信相近的手寫報紙，作為報紙的雛形。報紙的進化，和社會的進化相平行。在一個部落方成立的時候，對於報紙尚無熱切的需要。因為有欲大衆週知之事，尚可以言語傳達。或以文字張貼公共場所，也能家喻戶曉。如呂氏春秋上說「鄭國多相縣以書者，子產令無縣書。」所謂縣書就是後世告示或招貼的先型。到了有廣土衆民的政府成立，人民生活于公共運命之下，為求國家鞏固和繁榮，則不得不制度統一和意志統一。如漢代勢力遍及漠北，羅馬勢力遍及地中海沿岸，所以報紙的設備，即因此種需要而發生。

秦始皇雖能統一天下，但是傳了二世即亡，不如漢朝的長久，而且秦以前的文字流傳，還是用帛用簡。帛太貴，簡太重，都很不便。到了漢朝，才有紙的發明。紙質輕而價廉，很有助于報紙的發生。同時漢朝英主頗多，北通西域朝鮮，南平夷越，疆土日廣，商業日興。朝廷固然很留意邊事，而諸侯也很注意皇室動靜，傳佈消息的方法，因此種種需要，自然比前代進步。

中國之有報紙，不能不首推邸報。漢書對于邸的解釋，是「郡國朝宿之舍率名邸，邸至也，言所歸至也。」又西漢會要，對于郡邸長丞的解釋，是「主諸郡之邸在京師者，按諸郡皆

第一章　報紙的起源

三

有邸，所以通奏報，待朝宿也。」可見這種邸的性質，彷彿近時各省駐京代表辦事處，所謂通奏報，就是傳達君臣間的消息。不過邸報的流行，到唐代才有確證。如韓翃久家居，夜半有人扣門云，「邸報制誥闕人，中書兩進君名。」又經緯集有「讀開元雜報」文云，「嘗于襄漢間得數幅書，繁日條事，不立首末，——及來長安，日見條報朝廷事者。」所以邸報又有雜報和條報的名稱。

宋代邸報更見流行。如宋史劉奉世傳云，「先是進奏院每五日具定本報伏上樞密院，然後傳之四方，而邸吏輒先期報下，或矯爲家書以入郵置。」又呂溱傳云，「儂智高寇嶺南，詔奏邸毋得輒報，溱言一方有警，使諸道聞之，共得爲備，今欲人不知，此意何也。」可見當時邸報已成了一種制度，而且傳佈得很廣很快。又朝野類要云，「朝報日出事宜也，每日門下後省編定，請給事判報，方行下都進奏院，報行天下，其有所謂內探省探衙探之類，皆衷私小報，率有漏洩之禁，故隱而號之曰新聞。」又海陵集有論禁小報文云，「小報者，出于進奏院，蓋邸吏爲之也，比年事有疑似，中外不知，邸吏必竟以小紙書之，飛報遠近，謂之小報。」所以邸報又有朝報之稱。而當時對于邸報興味的濃厚，也于此可見一斑。

此後元朝明朝，也有邸報。到清朝方改名京報。因爲這種京報，由驛站或提塘傳遞，所以又有驛報和塘報的名稱。又因爲有信局由良鄉縣傳遞，所以又有良鄉報的名稱。

不過這種邸報的內容，所載無非詔令章奏，官吏升降。既無言論，又無社會消息。所以對于民間，並不發生如何影響。到了前清末季，雖然發行了許多官報，頗帶現代報紙的色采，和民報立于相對的地位，不過爲期甚暫，彷彿專制政體下壓制言論的回光反照而已。

歐西的報紙，發端于愷撒大帝，一名 Acta Senatus, 一名 Acta Diurua Populi Roman, 內載關于元老院和國民會議的紀事和其他重要公共事件，此種官報。係先書于塗有石膏的板上，此與後世的公告牌性質相同，而各地人士，則託人抄錄寄閱。在帝政時代，繼續頗久，大約直至遷都君士坦丁以後才消滅。

據許多新聞學家的研究，在愷撒執政之前，約紀元四百四十九年左右，羅馬共和國業已許人摘錄或謄寫元老院議事，送達地方官和其他機關。而官廳之招待新聞記者，也就在此時開始。因爲他們領有政府的特許狀，可以自由出入元老院。他們起初是受地方官或貴族僧侶的委託，後來竟以此爲常業。所以報告的內容，不僅抄錄元老院的議決案，就是元老院審判廳以及羅馬市內新發生的事件，也非常注意，不過報告既然用官報做藍本，取材的範圍，一經通信員之手，往往又成爲私人的通信。所以對于同一材料，而觀察點各別，旣極自由，且常常加入官報所無的紀事，甚至于加入自己的意見。由此可知，在中古新聞書信流行的時候，已有和官報迴然不同的通信，這就是民報成立的萌芽。

羅馬帝國衰微，社會事業，和新聞通信的進化，頗受影響。直至中世紀的末期，始發生較大

第一章 報紙的起源

五

的社會關係，最初是包涵羅馬文明範圍所屬各國的宗教政治，復有都市同盟，和商業上有共同關係的市民社會。所以在十二三世紀的時期，寺院大學間，發生書信傳遞的組織。在十四五世紀，關于商業和都市官吏書信的交通，也漸漸設備完全。Zeitung 被用爲報紙名稱，即起于此時。因爲當時德國的諸侯貴族政治家大學教授等，在交通中心區域，派人蒐集來自各處的報告，加以編輯手續，然後送達各方面。此種報告的內容，大都含有政治性質，不過取材的範圍很廣。除口傳和手錄的報告外，商人留學生退伍兵外來的遊客等之敍述，亦兼搜而並蓄。而且在這個時期，漸漸蒐集主觀的新聞，如天災地震預言奇案等等，成爲最有興趣的紀載。於是最初僅爲智識階級和特權階級有利害或興趣關係的通信，因時勢的推移，而漸漸軼出範圍。就是從一般人的利害和興趣上，又發生一種新傾向。到十六世紀的後半期，因商業發達，而更見促進。到一五六六年，有出現于凡尼市的 Notizie Scritte，完全成爲一種職業組織。任何人皆得以金錢購買而滿足其興味和研究其利益，所以報紙又稱爲 Gazette，就是由購買新聞的代價而生。因爲當時凡尼市爲東西兩洋的媒介，設有頗類近世市政府的機關。世界各國重要報告，大都會集其地。長袖善舞的商人，依據這種報告，進而謀其商業上的便利，於是商業新聞，逐應此種需要而發生，蒐集和出賣政治經濟社會和物價船期種種消息。到十六世後半期，羅馬又有專以通信爲業的人出現，名曰 Novellanti，或是 Gazettanti。若輩發明 News，探剌之術甚巧，不過後來竟以僞亂眞，致有被教皇取締的事情。繼義大利之後，報紙發生于營業組織以下的是德國。德

第一章 報紙的起源

國在中古期末,因南方的地中海,北方的北海,商業俱極繁盛,因此國內交通設備和郵政制度,比他國爲完美。當時如 Nuernlery, Augsbury, Ulm, Frankfurtam Main, Prag, Breslan 均設有通信局。任編輯和發行的人都是直接和交通有關係的。後來美國報紙發生,也有這種情形。不過這種人既以經營報紙爲副業,殊無發展的希望。所以報紙有顯著的發達,一定是由商人經營。觀于自一五六八年至一六〇四年 Augsbury 商人所發行的報紙,憑藉東西各國的商業關係,得以蒐集豐富的通信資料。政治而外,兼及經濟文藝書籍介紹和廣告,當時因編輯此種新聞,曾羅致多數有才能的職業記者,自然無可懷疑。

在十六十七兩世紀,英法諸國,亦嘗以書信形式,發行手寫報紙,如法國的 Nouvelles a la Main,英國的 News Letter,都是和古代羅馬及德國所發行的,完全相同。

這種手寫報紙,繼續時間很久。雖在一四三三年,印刷機器已經發明,但是用的機會很少。因爲當時報紙銷數不多,售價尚不足以償印刷之費。不過每逢戰事發生,或是災祲疫癘奇異案情,也有用印刷的。如路德的宗教改革九十五條,就是用彷彿今日號外的形式發行的。所以手寫新聞,曾和印刷報紙並行,直至十八世紀才完全絕迹。

最初印刷報紙的發行,大都是一時的興趣。遇有重大事件,彷彿一種投機事業。不過這種單面印刷品,既發現于人類之社會生活中,於報紙的發展,途發生重大的義意。因爲這種印刷報紙,既能補手寫報紙的不足,可以供求相應,日久漸能獨立。遂模仿手寫報紙的形式而代有

七

其地位，而勢力也一天一天的增高。

報紙之利用印刷，蓋在手寫報紙成爲商業組織以後，乃因郵車次數而規定。在週刊以前，本尙有年刊和半年刊。不過這種年刊，雖然內容包羅很廣，但與其謂爲報紙，不如謂爲通信集。而且當時德國因爲歲市例于春秋二季舉行，才有發生年刊的機會。至在他國，確是少見。

年刊而後，何以不經過月刊這一個階級，而卽發生週刊，這很容易解答。就是完全受交通和商業社會的支配。此種週刊的發行，最初是發見于德國之 Strassburg。現存于 Heidelberg 大學圖書館的，印有一六〇九年的日期。據云，當時各主要都市，均有此種刊物。如英國一六二二年所發行的 Weekly News，就是其中很有名的。

英國報紙發達之初期，亦有一述的必要。當時曾有兩種性質不同的報紙，同時出現。一種是專紀事實，一種是專刊論文。在長期議會時代，此種論文集，從事反對政府之活動，頗煊赫于一時。而在政治季節以後，則兼有文字曼妙之文學藝術戲曲社會等著述。有多數文學家，均以兼爲新聞記者而馳名一時。此種記者，實卽論說記者的濫觴。而查理一世與國會，在一六四三年頃，竟深知此種印刷物之勢力，羅致優秀人才，設立宣傳隊。故在一六四三年後之二十年中，類似此種小册子 (Pamphlet) 的印刷品，多至三萬種。利用報紙，作政治的工具，此時已開其端。每逢一大專件發生，足以誘致報紙的發達。以致經營報紙的商人或是郵局，其能力漸至不能兼顧。於是有經營出版事業的人，出而承其乏。這種情形，幾乎各國皆是如此。如美國的 Franklin，就是以出版家而兼發行報紙的一個人。彼於美國報紙的發達，貢獻極多。曾嘗試發行半週刊，但以當時社會尚無此種需要，故結果非常失望。不過關于廣告方面的嘗試，在報紙之經濟獨立方面，其成績卻很可觀。自一七四八年起十八年間，在賣報方面，僅獲利一萬二千鎊。而在廣告方面，竟獲利四千鎊。以後報紙的收入，且持廣告為大宗，可謂開一新生面。

日刊報紙，始于何時，其說不一。比較可信的為一六六〇年創刊的德國之 Leipziger Zeitung。其次則為英國一七〇二年發行之 Daily Current，法國一七七七年發行之 Journal de Paris。美國一七八四年發行之 Pennsylvania Pocket and Daily Aduestise。從週刊過渡而為日刊，因環境關係，經過種種困難，自不待言。日刊雖如雨後春笋，風起雲湧，但旋起旋仆，能持久的極少。其主要原因，不外政府壓迫，交通機關幼稚，和製作技巧未臻完美。在報紙方面，既不能充分發揮其作用，在社會方面，尚未養成讀報的習慣。所以直至十九世紀的初期，報紙的前途，才大放光明，而成為現代文明的先趨。

英國一文學史家言，新聞界直至十八世紀方和文學界接近。兩者提攜而發展社會文化，立功甚偉。蓋其初報紙完全注重政治，讀者多係直接和國政有關係之貴族僧侶和議員。但一般社會人士，則文學慾和知識慾很濃厚，並不限于政治，因都市發達而漸興盛的市民階級，受報紙

第一章　報紙的起源

九

之影響，遂形成強大的社會勢力。故在一七七二年，新聞記者以其職務上之資格，在國會獲得旁聽權，於是有於貴族僧侶議員之外，而成第四階級（Fourth estate）的佳話。且當時報紙為政治家所利用，即所謂政黨機關報，專以擁護一政黨或一階級的利益而取得代價，以保其生存。今則報紙已能經濟獨立，可以自由發揮自己的意見。故有所謂 Free press 或 Independent press 之稱。以後甚至有 Penng 報紙的出現，即報紙得以一「派尼」的廉價而購讀之，非復為特殊階級或富人所特備。於是報紙讀者的範圍愈廣。其內容亦因而日漸改觀，以至于純粹平民化。其發達的過程，非有巨帙，不能備述。

我國現代報紙的產生，純受歐美的影響，其過程和上述的完全相同，所以不必在此贅言。

第二章 中國現代報紙的進化

我國現代報紙的產生，完全是受外人的影響。先是嘉慶年間倫敦佈道會派馬禮遜（Robert Morrison）來廣州傳教，奮鬥多年，成效很微。不過他們知道中國地方大，人口多，將來很有希望。所以倫敦又派米鄰（William Milne）來做馬禮遜的助手。當時中國人移殖南洋的很多，所以他們就在馬六甲設立印刷所和學校，編印書報，從事文字上的宣傳。第一種華文月刊，名曰察世俗每月統計傳，就在嘉慶二十年即一八一五年八月五日出版。這本報的文字雖然大部份出于米鄰之手，不過我國第一位基督教教士梁亞發，也曾參與其事。

後來繼續出版，很值得介紹的，有巴達維亞的特選攝要每月紀傳，廣州的東西洋每月統計傳，香港的遐邇貫珍，寧波的中外新報，上海的六合叢談，教會新報（後改名萬國公報）和益聞錄。都是用介紹西學的幌子，實行傳教的工作。中間挾着鴉片戰爭的餘威，遂由南洋而通商口岸而發行到內地了。

中外通商，日見發展，於是華文日報，也應需要而產生。最早的是香港孖剌西報的中外新報，時在咸豐八年即一八五八年，乃伍廷芳所發起。此後又有德臣西報的華字日報，上海字林西報的上海報新報和滬報，彷彿都是西文日報的華文版。此後又有獨立創辦的，如上海英人美查的申報，和丹福士的新聞報，天津德人德璀琳的時報和漢納根的直報，北京德人畢連士的北京日報。這些報紙雖然是各有背景，不過灌輸智識的功勞，也是不可埋沒的。

在庚子拳亂以前外國人所辦的中國報紙，除載些社會瑣聞和文藝作品以外，對于時政不敢輕于批評，以後態度就大不相同了。遇事要代表外國人的利益，反客為主的來攻許。尤其是日本人所辦的華文報紙，幾幾乎以造謠為本位，惟恐中國不亂。近十餘年，中國民氣一天一天的發揚，所以有許多外國報紙已經中國人收回自辦，有些是自動的停刊。將來租界完全收回，這些報紙是更要失所憑依的。

中國人受了外力的刺激，後來也知道有自己辦報紙的必要。如同治十二年在漢口出版的昭文新報，十三年在上海出版的滙報和在香港出版的循環日報，光緒二年在上海出版的新報，和十二年在廣東出版的廣報。當時皆憤政府腐敗無能，負起開通民智的責任，愛國之情溢于言外。其中最可稱道的是循環日報的主筆王韜，把海外視察所得，立成具體方案，到現在雖然是似乎老生常談，但是有許多建議還沒有做到。只可惜那時人民受專制的流毒太深，無人注意到此種苦心。

等到中日戰爭以後，馬關條約，眞成了城下之盟，上國威風，掃地以盡。中國人恍如晴天受了霹靂，才從科舉迷夢中醒轉來。於是報紙有如雨後春筍，此長彼苗。濱海如上海、天津、廣州、潮州、汕頭、廈門、福州、寧波、青島、煙臺、內地如北京、濟南、太原、奉天、吉林、長春、營口、哈爾濱、伊犂、杭州、蘇州、無錫、鎮江、揚州、蕪湖、安慶、九江、南昌、贛州、漢口、武昌、長沙、重慶、成都、貴州、桂林、梧州，華僑居留地如香港、澳門、星加坡、檳榔嶼、雪黎、爪哇、巴達維亞、馬尼剌、舊金山、檀香山、溫哥華、紐約、巴黎、神戶、東京、橫濱、漢城、盤谷、西貢。每處至少有一種，多的近八十種。

在這許多報紙中，在性質方面說，有談教育的，有談婦孺的，有談數理的，有談外交的，有談文藝的，有談法政的，有談僑務的，在文字方面言，有文言的，有白話的，在印刷方面言，有石印的，有鉛印的，有木刻的。在經濟方面言，有以公款創辦的，有由捐款創辦的。最初皆是受了外侮的刺激，由灌輸新知新藝和介紹內外大事而希望維新。後來以清庭頑梗不化，甚且變本加厲，有一部份的報紙，遂因失望而主張根本解決，傾向於革命了。

在這個時候，報紙可以分為二大派別，一派以康有為梁啟超等為領袖，所出的雜誌，如強學報、時務報、知新報、清議報、新民叢報、國風報、政論、湘學新報等，日報如時務日報、時報等皆是很有名的。一派以孫文和汪精衛胡漢民張繼等為領袖，所出的雜誌，如民報、復報等，日報如中國日報、蘇報、國民日報、警鐘日報、民呼報（後改名民吁報和民立報）、天鐸報、民權報、國民新聞等皆是，很有名的。康等提倡立憲，孫等主張排滿。目的既然不同，後來遂分道揚鑣而成了對立的局勢。不過開通民智和建立共和是前一派造其因，而後一派收其果。對于國家的貢獻，很難有所軒輊的。

有名的戊戌政變以後，報紙頗受打擊，所以留學界的努力，也不可輕視。他們鑒于祖國的衰徵，課餘常編輯書報，以餉國人。最有名的如浙江潮、湖北學生界、江蘇等，始則介紹學識，後則暢談革命，祕密輸入內地，是改進青年思想的先鋒。

民國成立以後，報紙非常的發達，統計全國不下五百家。但是二次革命發生後，凡是國民黨和偏袒國民黨的報紙，幾乎全被封禁。等到袁世凱帝制自為，更以威迫利誘的手段對付報館，以致北京只餘二十家，上海只餘了五家，漢口只餘了二家，銷數也由四千二百萬降至三千九百萬。以後又有張勳的復辟，和直皖、直奉、江浙幾次戰事，以致閱報大樣，捕記者，檢查郵電，習以為常。到了此時，報紙不是阿諛惟謹，就是模稜兩可。彷彿輿論銷沉，人心已死。幸而國民黨所屬報紙，如民國日報、中華新報等，維持清議，百折不回。同時國民建設，星期評論等雜誌，闡揚三民主義，鼓吹根本建設。此外優秀之出版物如解放與改造、嚮導、新青年、語絲、新潮、每週評論、創造、庸言、甲寅等，亦能介紹最新思想對舊社會作衝鋒陷陣的工作。後來國民政府所以能于最短期間成立，統一了中國，中華民族雖未能完全脫離外人的束縛，但是自由平等的理想已經深中于人心。設若沒有這些報紙，恐怕不能如此的容易成功。

最近十餘年內，銷數最多的申報和新聞報，皆先後收歸華人自辦。同時申報又購得新聞報股權的半數。國民黨所屬報紙，亦有停止津貼的決議。可見報紙已有經濟必須獨立的覺悟，而且有資本化的傾向了。以中國地方之大，人口之衆，報紙發展機會之良好，恐爲世界任何國家所不及。將又由無利可圖的地位而成爲有利可圖的事業。從現在政府和人民皆已認識報紙的功用和力量看起來，將來報紙經營的問題，恐怕不是資本而是人才。這也是中國報紙進化的一種必至的現象罷！

第二章 中國現代報紙的進化

第三章 報館組織

談到報館組織，要在報紙成了商業以後，才有明顯的需要。不然，是可以隨便的。因為報紙最初是無利可圖，所以規模是愈小愈好。所以有些過去的報界名人，都是兼做主筆和經理人。甚至于訪員、校對、兜攬廣告、發行報紙等種種事務，也包攬在一個人身上。用兩三人的力量，就可以開辦一家報館，這是以前所常見。

報紙的銷路，一天一天的增加上去，一方面為充實內容，不能不多延攬人材，一方面為增進效能，不能不多購置機器。兩者都是需要資本的。而在大城的報紙，還要注意交通運輸方法，如電話、電報、汽車、飛機等等是絕不可少。而且他們不僅出早報，還要出晚報，不但出增刊，而且發行書籍。有人說，一個大報館，彷彿是將大學校、銀行、印刷廠三者合而為一。所以一定要有一個很好的科學管理法，才能操縱得如臂之使手，手之使指，使彼此權限分明而又能密切合作。

現在大報館的組織，大都在個人或股東所委託的發行人之下，分為三大部分。各有領袖以主持之。一是營業部長，一是總編輯，一是書記、會計、和稽核。遇有各部份省有關係的事，則有所謂館務會議，可以互相聯絡。

在營業部長之下，要分為七個部份。較重要的是廣告股和發行股，其次是機械股、會計股、收入股、職員股、和購料股。在廣告股以下，又有外國廣告、本埠廣告、分類廣告、和搜集材料四種事務。在發行股以下，又有定報、銷數檢查、本埠零售、運輸和郵政五種事務。在工務股以下則有排字、澆鑄、印刷、和銅版四種事務。

在總編輯之下，又分為二種事務：一是寫社論的人，一是理事編輯。在理事編輯之下，較高的位置是新聞編輯和組合編輯，其次是本埠編輯、國外電報編輯、國內電報編輯、各省新聞編輯、星期增刊編輯、和其他各部分的編輯。直屬于理事編輯的，又有通信員和參考部。在本埠編輯之下，又有訪員。

據多數報學家研究，以為報館的組織，照最近的趨勢，最好分為五部如下：

執行部：
　發行人　　主持政策和管理。
　總經理　　監督各部。
　稽核員　　管賬目的收集。
　支付員　　管和銀行往來及支出。
　購料員　　管採辦各項材料及用品。

編輯部：

第三章　報館組織

一七

總編輯 管普通新聞編輯方針和政策，並做社論班的主席。

理事編輯 管搜集及發出各種新聞和各項材料。

夜間編輯 接管理事編輯的任務，並負最後新聞去取之權。

新聞編輯 管新聞的收發。

海電編輯 管新聞之發自海電和無線電的。

電報編輯 管新聞電報之發自國內和來自通信社的。

各省編輯 管各省通信員。

星期編輯 管星期日所用之特別材料，如美術、遊藝、和特別紀載等。

美術編輯 管圖畫一類材料。

本埠編輯 管新聞之來自本地和城廂的。

夜班本埠編輯 接管本埠編輯未完的事務。

體育編輯 搜集種種新聞，為體育版之用。

財政編輯 搜集財政新聞。

社會編輯 搜集社會新聞。

其他特種編輯 如汽車、地產、無線電、文藝、婦女消息等等。

圖書館員 搜集和保存參考資料。

廣告部：

廣告經理　推廣廣告和與廣告代理人聯絡。

分類廣告經理　管分類廣告。

發行部：

發行經理　管發行事務並設法推銷。

本埠發行人　管城內發行事務。

各省發行人　管城外和各省發行事務。

推廣銷數經理　管特別推銷報紙方法。

郵務間　管發遞城外的報紙。

工務部：

排字人　管受取新聞及廣告原稿。

澆鑄人　將已排成之新聞及廣告澆成鉛版。

銅版部　專製造圖片和其他美術品。

印刷部　管印刷和印刷機械的效能。

我國報館的組織，按上述的理由和現在的境遇，當然相去尚遠。不過最近十年來，以商埠報館而論，比較人事上已經增進三分之二，物質上增進四分之三，亦可謂規模粗具。以後範圍的擴大，勢必日有進步。所以有若干報館，為事實所要求，也漸漸注意及此，不復像從前完全順其自然，重人治而不重法治了。

一個最高的行政機關，是中央政府。一報館最高的行政機關，是總管理處。總管理處綜攬全館的事務，以總經理的職權為組織之範圍，設有下列諸股：

業務股是調撥編輯營業進貨三項事務。

設計股是調查推廣編制統計和訂立各種表冊。

稽核股是稽核全館事務和賬目。

會計股是管預算決算資金不動產和各項賬目。

文書股分中西兩組，是管印信圖記機要文件對外公牘收發電訊和保管檔案。

總務股是管理請假醫藥交際和其他不屬於各部的事務。

以上每股設主任一人，承總理之命，辦理全館事務。凡分館之處理，館員之進退，經費之支配，對內之佈告，和對外訂定合同或契約，皆用總經理的名義，簽名蓋章執行之。

總管理處，不過是個提綱挈領的機關，全館事務，還要分幾個部份來進行。一是編輯部，以總編輯為之領袖。其下有編輯室，以理事編輯為之首長。以下有電報編輯、緊要新聞編輯、地方新聞編輯、本埠新聞編輯、副張新聞編輯、教育和體育新聞編輯、商業新聞編輯、和本埠增刊編輯等等。

第三章 報館組織

屬于編輯室的,有採訪室、譯電室、翻譯室、校對室。採訪室的任務,是調度各地發電員、各地通訊員、本埠通訊員和外勤記者。

和編輯部有直接關係的,是畫報科和圖書參考室。畫報科又分編輯影晒和通信三種事務。

一是事務部,以經理為之領袖。其下屬于營業的,有廣告系和發行系。廣告系有廣告收受、廣告整理、廣告校對三種事務。發行系有批售,和本埠零定,外埠零定三種事務,直屬于發行系的,又有各地分館,各地分銷處,和各地派報處。屬于工務的,則有排字房、印機房、澆字房、紙版房、和澆鉛版房。屬于事務的,則有收發櫃,和訊查室、電話室、長途電話室。以外又有庶務室和駐京辦事處。

一是會計科,分會計和收款二種事務。

一是稽核科。

一是館醫科。

用同樣的白紙油墨和機器印出來的報紙,何以有些銷數很廣而至于成功?有些失敗而至于消滅?又有由成功而失敗的,和由失敗而成功的。自有報紙以來,這種情形,已不知發現過多少。由此可見組織固然是重要,但是人才卻也不可輕視。我國舊有「事在人為」之說,這也是很值得「三思再思」。

第四章 通信社

通信社的使命，從廣義解釋，是觀察宇宙間森羅萬象，適當的向公衆表現起來。換一句話說，就是報告自然的或人為的種種變化，這就是通信社的責任。

通信社和報館的性質，有沒有分別，這很是一個問題。但是近數十年來，一因電報電話的普及，使通信社連帶而發達，將新聞網從十里百里千里萬里的擴張上去；漸漸的分道揚鑣了。簡單的來形容，他們的不同處，就是報紙擁有大多數的讀者，而成一個無形的團體。通信社卻將此多數無形的團體，用電線聯絡起來。所以通信社的特色，重在消息的蒐集和傳遞。報紙的特色，重在編輯和發行。這是很容易分別的。

通信社和報館，是互相為用而非競爭的。因為有通信社而沒有報館，不能和公衆發生關係。有報館而沒有通信社，則取材不能遍及全世界。不過通信社常立于報館的後面，往往不為一般人所注意。其實通信社的勢力，有時比較報館還大。譬如用英語刊行的報紙，只有懂英語的人能讀。用法語刊行的報紙，只有懂法語的人能讀。用西班牙等語刊行的報紙，只有懂西班牙

十九世紀初期和中葉，差不多是同走一條路的。從實際上說，向公衆供給消息，在紙連帶而發

等語的人能讀。但是通信社卻不然，常將所得消息，譯成種種文字，發佈到全世界去。所以通信社可活動的範圍，不像報紙要受文字和地域的限制。

近來大報館如倫敦時報（The Times）紐約時報（New York Times）等等，因為資本雄厚，訪員足跡遍天下，無論何處發生重要事件，都有自己的特別通信。照這樣情形看，設若各報館都是如此，將來通信社的地位，豈不要日就衰弱而歸于淘汰嗎。其實這是不必過慮的，因為歐美大報館，均有他們自己的政策。取材的範圍，和通信社完全不同。通信社所蒐集的消息，大都是公通的，純粹客觀的，全國的，正面的，定期的，全體的，顯露的，事實的。至于報館所蒐集的消息，是單獨的，客觀中有主觀的，地方的，側面的，突發的，部分的，隱藏的，與味的。此尚不過就大體而言之，至于社會進化，人類需要日繁，報紙為供給各種不同的需要，有注意地方新聞的，有注意國際新聞的，有注意政治新聞的，有注意經濟新聞的，有注意文藝和美術的，有注意婦女和兒童的，有注意照相和漫畫的。同時通信社也因所處的地位有廣狹，有以鄉村為範圍的，有以城市為範圍的，有以國家為範圍的，有以民族為範圍的，因為國民的興味地方的利害和事業的需要，使其不得不分業化。所以現在的通信社，有供給新聞的，有供給文稿的，有供給圖畫的。有些更進一步，不但供給社會材料，而且連版子都做好，甚至于印好。最近幾年來，因為影戲和飛行事業的發展，很引起社會極大的興趣，所以攝製新聞影片，和在天空蒐集新聞，又成了通信社中一種新事業了。將來通信社，因科學之進步無已，對于人類精神

第四章　通信社

一二三

上的聯絡，有更大的貢獻，是毫無可疑。所以通信社和報館，是永立于互相援助的地位的。

通信社的組織，大約可分爲三種：一是商辦的，如英國的路透社(Reuters)。一是報館合組的，如美國的聯合社(Associated Press)。一是官辦的，如俄國的託斯社(Tacc)。因爲歷史和勢力的關係，有些成了一國的代表機關，有些且超過一國，而具有國際的性質。全世界六十餘國的代表通訊社三十八家，自一千九百十年起，有一個大結合，名曰通信社聯盟(Agencies League)，成立一個完美的世界的通信網，彼此交換消息。常年所費，在一億元以上。

中國報紙上所登載的國外消息，大部份是路透社所供給，這是人人知道的。同時因爲到現在還沒有一個通信社足以代表全中國，所以有人要購買中國消息的，也只有向路透社接洽。所以從新聞權上說，路透社卻公然的做了中國的代表，同時中國的消息，也就成了他的專利品。此外又有日本的聯合社和電通社，俄國的託斯社，法國的哈伐社，美國的合衆社等等，也都在中國出售消息，各有政治或經濟的背景，是不問而可知的。中國的內訌，往往爲他們挑撥而起，這種證據，是已經屢見而不止一見了。

民國九年，全國報界聯合會，曾有組織國際通信社的議決案，雖然計劃甚爲周詳，但是並未實行，國民政府成立以後，一方設立中央通信社爲對內宣傳機關，一方資助國民新聞社，爲對外宣傳機關。不過能力都很薄弱，去所期的目的很遠。

我國外交失敗的原因，缺乏宣傳，也是其中的一端。遠如巴黎會議和華盛頓會議，近如濟

第四章 通信社

案和中俄交涉令人痛心的事，也指不勝屈。因爲自己的意見，要在人家口內說出，就使這個通信社很公道，也有許多不便，何況他們國家觀念很深，能置自己利害于不顧嗎？所以我們要有一種覺悟，以國家爲前提，由政府和報館協力合作的組織一個大規模足以代表全國的通信社，一方面以中國眞確消息，供給全世界；一方面阻止外人在中國宣傳。如此，我們新聞界，方有自立的機會。進一步爲世界新聞事業整個發展，使彼此民族間更得接近與了解計，我們不也應該負起這種責任嗎？

第五章 報業教育

報紙的表面，發育得極快，而裏面的發育，——就是由粗陋進步而為科學的發育，卻不甚相平行。二百五十年以來，出版的報紙很多，但是對於報紙的目的和達到目的的方法，——就是一個有系統的方法，至今還不明白。在十七世紀和十八世紀，要希望有這樣一個系統，當然是不可能。到了十九世紀的末葉，和二十世紀的初期，這種缺點，才漸漸有人知道。對於新聞學應有系統的信念，才漸漸鞏固。不過最近五十年來，新聞學雖為人所注意，主要原因還是受新聞記者的職業準備的激刺。這種刺戟，既然是由外界而生，並非有完全系統的進化，所以新聞學的本來性質和牠的必須存在的理由，世人往往茫然。進一步說，就是對於新聞職業教育的方法和實用，我們並未十分明瞭。不過這方面的進步，日新月異，倒也是事實。茲將各國新聞教育的課程表拿來比較，就知道造就人材的性質，換句話說，新聞學的系統可以分為三大類：

（甲）美國式　學生在一個特為新聞教育而設的研究所內，經多年的訓練和專門試驗以後，給以新聞學士或碩士的學位。這種研究所，是用大學的形式：或者是大學的一種科目，或是一個講習會，或是一個專門學校。功課最注重的是新聞記者實用方面的練習。普通教育，反在其次。

（乙）德國式　學生應當在現有大學內，長期研究最重要的課程，就是普通學科。不過同時注意新聞學。或有時有編輯報紙的實習。畢業試驗，也就是普通試驗，不過加入關于新聞學的課程。

（丙）英國式　學生在現有大學內，經多年的研究，試驗合格，可以得一張新聞記者合格的證書。普通各科很注重，但是關于報館實習的方面，也不輕視。

這三種制度的成立，因為大學教育的目的，和對于新聞記者職業的觀念不同而發生，美國人是預備做訪員或編輯，就是新聞機關大機器裏的一份子。所以美國的新聞記者，以為自己是材料的支配人。德國人也是預備做編輯，不過他們不僅以為自己是材料或事業的創造人。所以德國的新聞記者，是國民中勇于義務的指導人。不僅使讀者得消息，且想指導讀者；不僅有一個職業，且覺得有一個使命。將美國制度來和德國比較，美國人得到職業，比較德國人容易，所以把新聞記者，當作一個可以由學而得的職業。

不久以前，德國萊勃塰大學（Leipzig）曾在各種重要報紙上，徵求公衆對于新聞記者職業的觀念，所得的答案，大都以為新聞記者不是學得到的。做新聞記者的人，和藝術家一樣，一定要有天才。新聞記者最能表顯他的特質的，就是要有敏銳的理解力，迅速而正確的判斷力。

能得到一個問題要點的觀察力。做事也要能如此。又要有感覺性、活動性、和適應性，並且要有流暢明瞭而普通了解的文筆。道德方面，不可不廉潔而公正，不可無責任心，不可不愛自己的責任，不可不勤敏而有自治力。此外，演說的才能，強健的體魄，和記憶力，表現的能力，冷靜的頭腦，精神集中幾點鐘的能力，力求上進的慾望，都不可缺乏。至於新聞記者，如何可以得着他們的知識，個人研究呢，還是入大學呢？這是第二個問題，似乎不十分重要。

新聞記者要有天才，這是無可反對的。不過做醫生，或做律師，不也要有天才麼？就是做教員，傳教士或藝術家，不也是一樣麼？譬如同是一樣手工，何以有些只能賣到普通的價錢，有些卻藏在博物院內。所以新聞記者，並不比旁的職業是特別些。就是說到新聞記者的特質，也不是他們所特有。做醫生律師或藝術家，不都要有理解力、判斷力、觀察力種種？無論何種人，不都要正直勤敏有責任心求上進麼？如此，甚麼是新聞記者的特質呢？僅僅有流利的文筆，就不必受好的科學訓練嗎？

其實無論何種職業，無條件而根本必要的，不是智識是什麼呢？但是智識和求智識的方法，普通人以爲不是第一要件。所以有天才的人，往往因未受充分教育，而發生不幸中的大不幸。常見一類新聞記者，對于甚麼都知道，但是沒有一樣眞能理解，重視經驗而輕視教育的偏見，實在是誤盡蒼生。

須知走入實用的世界，是有學問的人所優爲的。無論何種職業，有了預備教育，可以免得唔中摸索和走灣曲的路。當然書本上的知識，必定要有實地經驗去補充。譬如研究醫學法律師範的人，必須經過實習時期，然後才能到社會上去做事。如此，有志新聞事業的人，在大學畢業以後，到報館去實習，也是必不可少的。不過這不是對于新聞記者獨有的要求，無論何種職業，都是如此。

我們對于新聞記者的大學教育，不僅以爲「可以」就夠了，且應該以爲「必要」。設若我們將報紙當作代表一個團體利益看待，或是政黨，或是資本團體，或是教會，如此，新聞記者，只須熟悉此一個團體的情形和流暢的文筆就夠了，大學教育，可以不必要。但是我們若認報紙是代表公衆的利益，那就一定要受過高等教育的新聞記者，才能勝此重任。有人喜歡將新聞記者，看作和政治家一樣，其實這也不適當，因爲政治家只代表他們黨派，只要知道本黨的宗旨就行了。不過政治家也要有一種專門的知識，和一個試驗，這就是選舉。設若他得了大多數人的推舉，就可代表幾萬人入國會。但是請編輯的人，不是報館的一個發行人，就是幾個蓋事。並且因爲報紙銷數的大小，而需要一個數千人數萬人或數十萬人的指導者。所以這個編輯的資格，也應該有個證明。

蔡格爾氏（Szemere）說，「醫生藥劑師，因爲人命關係，所以要受科學的訓練，就是獸醫也有如此的規定。但是新聞記者，若是並不曾證明他的知識已經成熟，就交付他一個更寶貴的生命，——一個國家或許多國家的生命，這是極不合理的。」設若三家村上的私塾先生，簡門

第五章　報業教育

二九

裏的書手，都可以做新聞記者，在輿論上發生如何的不幸，是不待證明而知道的。國家對於這種情形，不應該永遠旁觀，政府既是代表全體人民的利益，當然負有取締的義務。設若將來的新聞記者，非受高等教育和嚴格試驗不可，那麼，應該研究的科目是什麼呢？這個問題，可以簡單的回答，就是要給他們將來有活動能力的基本知識。譬如要做政治記者，就要多研究政治學，要做經濟記者，就要多研究經濟學，要做文藝記者，就要多研究文學和美學，要做地方記者，就要多研究社會學。

（一）理想的政治記者，應該研究的，是歷史、地理、法律、國民經濟及統計學哲學和外國語。

（二）理想的經濟記者，應該研究的，是國民經濟、及統計學、私人經濟、地理法律和外國語。

（三）理想的社會記者，應該研究的，是歷史、地理、國際公法、國民經濟、及統計學和特殊的法律。

（四）理想的文藝記者，應該研究的，是歷史、哲學和本國及外國文學。

除了上述以外，對于報紙的本身，也應該有科學上的研究。不過，不是僅僅乎在歷史或文化史內研究報紙史。在國民經濟的方面，研究報紙企業的責任；在法律方面，研究出版法；在私人經濟方面，研究報紙的經濟構成和技術等等，就算完全，應該將報紙全體的現象，作一個整個的研究。就是不僅將報紙現在和過去，作為新聞學，應該尋出一個報紙的最高目的和標準，使他們有一個精神上的立脚點，站在能夠站而且應該站的地方。

其實就是除了有志新聞事業以外的人，也應該對於新聞學，有相當的研究。因為事實上我們每日和報紙發生關係，而參與人類團體的生活。所以現在公衆對於報紙的認識，非常淺薄，還是非常危險。——比其他文化事業，還要危險。

差不多每個青年，手裏常有一張報紙或一本雜誌。但是在這許多人當中，有誰知道報紙如何發生和發展，以何條件而存在，和報紙的讀法是如何呢？戴士特氏說，「多數人對於報紙，彷彿是一個不可思議的能言的菩薩，至于牠所說的話，又彷彿含有非常神秘，是人所不能了解的。」現在公衆很倚賴報紙，不管內容好壞，很喜歡拿來和人談論，差不多家家戶戶，公然歡迎謬誤，眞是荒謬已極。對于社會國家和人類，從此而發生的損害，不用費辭，也自然可以明白。設若凡和報紙有關係，或受報紙影響的人，能知道報紙如何寫人類所需要，具有何種潛勢力，經過何種手續而編輯成功，和喜歡何種趨勢，如此才可以對報紙有正確的理解，和具有正確的態度。如此不但能讀報紙，而且可以進一步，去批評報紙。然後稱為與論一份子，庶幾無愧。尤其是官吏政治家實業家或教育家對於報紙的目的組織技術和歷史等等知識，應該比較更豐富。因為一方從報紙得着消息和批評，一方又給報紙以消息和批評。譬如是音樂，一定先要知道那個樂器的構造和特性，然後才眞能去聽那種樂器，或是批評和操縱牠。

在十七至十八世紀間，歐洲人對于報紙性質及技術的知識，已視爲教育不可缺少的成分。大學教授，有編新聞學講義的。即普通學校內亦有用報紙做講義的。我國報紙幼稚，自談不到新聞教育。因爲報界不注重專門人材，所以新聞事業，亦不能有長足的進步。民國元年，全國報界俱進會，曾有設立新聞學校的提議。民國九年，全國報界聯合會，又議定新聞大學組織大綱。只可惜這兩個會，不久瓦解，未能見之實行。民國七年國立北京大學學生，得學校當局的贊助，設立一個新聞學研究會，這是新聞事業與教育發生關係的開端。後來該校在政治系內，添設報學課程，選修的很不少。此後各校聞風興起的，如北平的平民大學、燕京大學、和民國大學、上海聖約翰大學、南方大學、國民大學、和復旦大學，或設立新聞學系，或添設新聞學課程。此外上海廣州，又有設立新聞專門學校和函授學校的。現在中學校內，添設新聞學課程的也不少，不過經費太少，教師難得，設備陋簡，自然不能爲諱。去年燕京大學新聞學系，因得韋廉博士等的贊助，在美國捐得巨款，有擴充爲新聞學院的消息，大約組織也許比較完備些。

現在每一個大學，都發行報紙和雜誌，少的一二種，多的十餘種。有些很能努力，有些設有新聞學課程的學校，事實上而且設有通信社。

一個國家，欲貫澈民治政體的精神，不能不希望健全輿論的生成。健全的輿論，又不能不以報紙爲樞紐。所以我國普通學校內，似乎應該有若干鐘點，能以報紙代講義，中學以上，能添設新聞學課程則更佳，俾多數人民，能了解政治問題，能自下個人的判斷，進而監督報紙，強制政治家,使自覺其責任的重大,於國家的進步,這是有非常重大的關係。

綜括上述,可以數語結論,就是從事新聞事業的人,不可不受報業專門的教育。同時為發揮民治政體精神起見,普通學校,也應該有若干新聞教育的時間。

第五章 報業教育

第六章 報紙的運命

報紙是現代人的糧食，凡是對於社會國家的生活，有若干注意的人，就每天非得讀報不可。所以報紙的運命，究竟若何，這是一個很有興味的問題。這個問題的解決方法，最簡單的就是用歷史的眼光觀察。換一句話說，我們可以用「鑒往知來」的方法，豫料報紙的運命。譬如欲知道我國報紙將來的運命，止要先將我國報紙與歐美日本先進的報紙比較，就可以豫料于不可避免的變化，一定會發生了。因為相信用歷史的方法，可以解決報紙運命的問題，所以以後就從事於這方面的討論。

本來言語先于文字，是一定而無疑的。所以口頭報紙的存在，為治報學者所承認。在科學未昌明的時代，聲音既不能保存，要由口頭新聞追尋一種證據，這確是極端困難，這也就是口頭新聞的一大缺點。

自有了文字以來，就有了刻骨刻石刻金種種方法。有了竹簡縑帛和紙張，就有了書寫的方法。時事的紀載，和消息的流傳，因此就有了解決的方法。因為聲音固然不能保存，而且在當時科學並未昌明的時代，聲浪只能傳達到一定範圍以內，在稍遠地方的人，就不能聽得清楚。但是有了文字，這種困難，自然就消滅了一大部分。

從自然的現象觀察，私人通信，實在是報紙的起源。所以在中國如諸侯藩鎮，在歐洲如貴族僧侶教授和商賈，皆有私人通信的設備。此種通信，不僅專門報告有關個人的事，就是普通有關係有興趣或有激刺性的時事。也常常談到的。不過此種通信，終究供少數人閱覽，在社會上不能發生多大影響。

等到交通便利以後，人類接觸的機會較多，不能像以前老死不相往來，休戚毫不相關了。所以一種消息，在人們聚集的地方，往往能流傳很廣，成為街談巷議的資料，因為人類有求知和求先知的欲望，所以就有人迎合這種要求，而公開通信就發生了。從此以後消息就成了商品，只要出代價就可以買得新聞。

不過手寫，終覺困難，譬如以一個人的日力計算，最多不過只能寫幾十封信。按月算起來，索價就不能不高。因此，訂閱的人只能限于上流階級，而仍舊不能普遍。

當時做這種事業的人，大都是和交通有關係的。譬如在中國是送塘報的人，在歐洲是郵局人員，這種證據很多。美國最早的報紙，也是從郵局發行；還有些報館，就是開設在郵政局內。不過由和交通有關係的人而辦報，總有他們自己的交通職務。一方面銷數增加，發行手續甚繁，或許不能兼顧。一方面從他們的責任上說，旣是一種公務人員，說話究竟有種種不便。社會對于報紙的興趣漸高，有時手寫就供不應求。所以迅速而且價廉的印刷，當然是讀報人和印報的人兩方面都需要的。不過當時人人並無讀報的習慣，所以有重大或奇異的事故發生，報紙銷數才多，否則銷數就少。所以當時發行報紙，未必全是有利可圖。

報紙雖成了印刷家或出版家的一種副業，可是編輯、印刷、發行各方面用費也很大。設若同時有一二種報紙處于競爭的地位，那就利益之微薄，更可想而知。在這個時期，熱心政治的人，看穿辦報人的這種弱點，有些就會利用報紙，花費一點津貼，報紙卻成他們宣傳的工具。

報紙既移入政黨之手，當然政治的色彩，也就非常濃厚。不過政黨得勢的時候，經濟非常寬裕，所以報紙種種用費的供給，自然不成問題。可是一到政黨失勢，報館就要處于非常困難的地位。還有些人沒有得勢的時候，很肯出錢，利用報館，一到得勢就棄之如敝屣。而且有些人，甚至一旦得勢以後，對于報紙加以非常的壓迫。所以發行報紙的人常常感着經濟不足的痛苦，永遠處于風雨飄搖的地位。因此自求出路的覺悟，當然也就發生。

最初辦報的人總想以銷數的收入，來抵銷一切支出。但是，結果是虧累的多，收支能相抵的少，所以他們往往以他項的收入來彌補報館的支出。譬如內地和南洋，許多報館，銷數雖然不多，倒能支持裕如，也就是因為兼營印刷和出版的事業。他們既有了別項營業，偶然因登啓事，而貨物銷數激增，以後就發現了「廣告」的一條新路。最初不過登載自己的廣告，後來成為公開，由此又得一種重要收入。于是經濟才能得了獨立的基礎，報館遂立于穩固的地位。如美國報紙，日刊常五六十頁，星期刊常百餘頁，每份報紙的收入，尚不能與原料（紙）相抵，當然更談不到編輯和印刷種種費用。不過他們仍舊有極多的盈餘，據云收入百分之八十，是來自廣告的。

自從報紙有了廣告，收入日見增加，廣告和新聞就處于同等的地位。有時廣告比新聞占的篇幅還要多，幾幾乎有後來居上的形勢。但是近數十年，科學進步，一日千里，在交通方面，有汽船、火車、有電報、電話、無線電報、無線電話、和電傳照相種種發明，在運輸方面，和飛機種種發明，在印刷方面，有鑄字機、排字機、和高速度輪轉機種種發明。凡此種種皆與報紙有直接的關係。報館同業，競爭激烈，就不能不儘量採用種種進步的機器物品。於是需用大宗資本，乃為不可避免的事實。而且因社會進步，銷數日增一日，因辦事的便利，不能不建築寬敞的館屋，因內容的改善，不能不羅致優秀的人才；所以報館乃由個人產業進而成為一種企業。資本小的報館竟致不能生存而受淘汰。於是大城市的報紙，不但不見增加，而且反見減少。即如上海，在光復的時候，報館多至二十餘家，現在只剩了五家。在歐美這種傾向更為尖銳，許多的大報紛紛的銷滅。如最近英國的 Westmister 被併于 Chronicle，美國的 World 被併于 Telegrum，就是實例。歐戰以後，更有所謂「產業合理化」，如用人蒐材購料等等，都取合作的方式。有一種報紙而發行朝刊、午刊、夕刊、夜刊的，有發行種種性質不同或地方不同的報紙的；有一家報館而發行十餘種報紙或數十種報紙的；有十餘家報館或數十家報館同屬于一大組織以下的。甚至以報館而兼營印刷、出版、電影、通信社、造紙廠、廣告社等等，簡直像一個最大雜貨店。報館日常所需，幾乎無一不備。規模之大，無有倫比。中國今日報界亦漸漸有此種傾向，如申報之收買新聞報股份，就是一個例子。

由上面記載，就可以知道報紙用歷史的眼光觀察，已經有口頭新聞，手寫新聞，木版單面印刷報紙，和活版兩面印刷報紙等種種變遷。再從報紙的發行方面，用歷史的觀察說，最初由私人報告消息，而成為消息局的副業，再次就移轉于印刷家或出版家之手。今則一部分成為政黨所操縱，而大部份成為大企業，獨立經營，不受任何勢力所支配。

報紙以報告新聞為原則，和我們的生活，息息相關。在組織複雜的社會中，更成為流通消息，交換意志的唯一樞紐。所以要實行民治政體，全在報紙能負起責任去做。在君權時代，本無民意可言，等到民報發生，才獲得言論自由。不過一部份卻為政黨所操縱，只能見到一黨的意見，不能見到全體人民的意見。一部份又為商人所把持，只見到一般資產階級的意見，不能見到全體平民的意見。這都是一種缺憾，是不能為諱的。

不過近來人民智識進步，這種偏頗的情形，已經有人看到而逐漸自動改良。如歐美日本大報館募集新股的時候，卻留一部份備職員或工人購買。一方面固然是希望他們視報館如自己，努力于工作。一方面也使他們有干與館務的機會，不可謂非一種緩衝的方法。

如英國最有勢力的泰晤士報，自從北岩爵士逝世以後，恐怕以後再有資本家秘密購買，操縱言論的怪劇發生，所以請了社會上有地位的人、如大理院長、英倫銀行總裁、牛津神學院院長做董事。他們以爲這個報紙，乃是英國輿論的中堅，應該永遠保持其獨立，使主權不致輕易移轉，將私人產業視爲公有。這也是報界一種很好的模範。

又如俄國，自實行共產制度以來，報紙皆歸公有，私人不能創辦。所以政府有報紙，農業團體有報紙，工業團體有報紙，市民團體有報紙。如果俄國廢除檢查新聞的制度，言論就可自由。這種報紙雖不能代表全體人民的意見，確可代表一階級的意見，這也是一種辦法。

有人說報紙與人生有密切關係，彷彿水火之不可須臾離。電燈和自來水，旣然要收歸市營，則報紙之由公辦，似不能謂爲過甚。所以將來社會進步，人民智識和道德的程度日高，報紙雖不必收歸國有，卻可由公衆推舉道德家、法律家、學問家、和優秀的新聞記者等人，公同主持編輯事務。就是希望這種報紙，眞能發揮民治精神，有春秋筆則筆削則削的無上權力，不爲任何勢力所左右。這種趨勢，已經漸漸成熟，在先進國的最優良的日報，已經多少帶這種色彩，這也就是我們對于報紙的命運的一種理想。

以我國報紙的運命而論，不論編輯、印刷、經營、任何方面，都不能不說逐年進步，去理想之境，雖然甚遠，但是時勢的需要，卻是一種正直而有權威的理想報紙。理想旣然是事實之母，所以我們對于中國報紙的運命，很可樂觀。

图书在版编目（CIP）数据

新闻学 / 戈公振著. —北京：中国传媒大学出版社，2018.3
（中国近代新闻学名著系列丛书 / 芮必峰主编）
ISBN 978-7-5657-2245-5

Ⅰ.①新…　Ⅱ.①戈…　Ⅲ.①新闻学　Ⅳ.①G210

中国版本图书馆 CIP 数据核字（2018）第 042611 号

中国近代新闻学名著系列丛书
芮必峰　主编

新闻学
XINWENXUE

著　　者	戈公振
策划编辑	司马兰　姜颖昳
责任编辑	姜颖昳
封面设计	拓美设计
责任印制	阳金洲

出版发行	中国传媒大学出版社	
社　　址	北京市朝阳区定福庄东街 1 号	邮编：100024
电　　话	86-10-65450532 或 65450528	传真：010-65779405
网　　址	http://www.cucp.com.cn	
经　　销	全国新华书店	
印　　刷	北京华联印刷有限公司	
开　　本	787mm×1092mm　1/16	
印　　张	4.25	
字　　数	45 千字	
版　　次	2018 年 6 月第 1 版　2018 年 6 月第 1 次印刷	
书　　号	ISBN 978-7-5657-2245-5/G·2245　　定　价　37.00 元	

版权所有　　翻印必究　　印装错误　　负责调换